AUTOSVEZZAMENTO

Prepara tanti piattini golosi e nutrienti per un autosvezzamento sano e felice. Cucina ricette facili e veloci per ogni momento della giornata.

INDICE

13) Hamburger di carote, verza e patate dolci

14) Frittelle di mele e uova fresche

15) Vellutata di ceci e tonno fresco

16) Gelato alla pesca noce

17) Pancake svuotafrigo ai salumi misti

18) Palline di ceci e zucchine

19) Petto di pollo con arancia e rosmarino fresco

20) Hummus di ceci freschi e rosmarino

21) Crocchetta di merluzzo, patate dolci e verza

22) Torta di mele tipo strudel con cannella

23) Avocado toast con tonno

24) Straccetti di manzo con crema di zucchine

25) Palline di robbiola

26) Polpettone della nonna fantasia

27) Riso alle zucchine e carote

28) Crema di fagioli freschi

29) Gallette di mais con mele e burro di arachidi

30) Tranci con pere e carote

31) Biscotti ai frutti rossi e aroma di vaniglia

32) Toast al forno

33) Muffin all'albicocca con agave

34) Mix di carne bianca, carote e cavolfiori

35) Frittata con zucchine e robiola

36) Crema di patate e dadini di prosciutto

37) Zucchine ripiene al forno

38) Polpette di carote e ricotta con spinaci

39) Riso con verza e stracchino

40) Tiramisù alla frutta servito nel bicchiere

41) Pasta con lenticchie e pomodoro

42) Pesto di basilico e pinoli

43) Tortino di riso alle mele

44) Zuppa di piselli e carote

45) Cotolette di spinaci fatte in casa

46) Supplì di spinaci e riso

47) Tortini leggeri con cereali e frutta secca

48) Polpettine di zucca e rosmarino

49) Burger di merluzzo con cereali e piselli

50) Dolcetti allo yogurt magro

L'informazione che ruota attorno all'alimentazione dei bambini nel corso dell'ultimo periodo si è notevolmente ampliata, lasciando spazio a una serie di teorie complementari o contrapposte alle quali i genitori possono fare affidamento per far crescere il piccolo forte e sano.

Una di queste si basa sull'auto svezzamento, cioè sulla possibilità di introdurre gradualmente ogni genere dì alimento, anche quelli che in passato sembravano a rischio allergie, per poter allenare lo stomaco e renderlo più ricettivo alle novità sin da piccolo.

Si tratta di un approccio che sta prendendo sempre più piede, pertanto abbiamo deciso di realizzare un libro di ricette che possa darti delle idee stimolarti e indirizzarti verso i piatti migliori e più bilanciati per assecondare la crescita del piccolo. Vediamo però nel dettaglio in cosa consiste l'autosvezzamento, quanto dura e soprattutto quali sono i benefici che è possibile trarre da questo approccio.

In cosa consiste l'autosvezzamento

Fino ai 5 mesi di vita, il bambino è portato a nutrirsi solo di latte materno o artificiale, nel caso per la madre non fosse possibile procedere naturalmente. Terminata questa fase, si passa al periodo dello svezzamento, che solitamente dura circa fino all'anno, con l'introduzione di un numero molto limitato di alimenti, lasciando fuori tutti quelli che nel tempo sono stati considerati troppo pesanti o inadatti.

In particolare, si prediligono i cibi liquidi, per poi passare a quelli solidi solo in un secondo momento, nonostante i denti siano già presenti. L'approccio dell'autosvezzamento prevede invece che il piccolo si sieda in tavola insieme ai genitori e possa mangiare un piatto che sia del tutto simile al loro, facendo però una certa attenzione ai grassi aggiunti e alle calorie, così come ai tipi di cottura.

In ogni modo, avrà la possibilità di toccare le pietanze e imparare anche a nutrirsi in totale autonomia e direttamente con le mani, sviluppando tutti i sensi. Si tratta quindi di un approccio multisensoriale, dove il tatto e l'olfatto hanno un ruolo importante esattamente come il palato. Parliamo di una soluzione che prevede che il piccolo possa auto regolarsi, scegliendo quali sono i sapori che realmente gradisce e quelli che invece ancora non sono adatti, senza limitare l'aspro del limone o la dolcezza di alcuni elementi naturali come il miele e l'agave.

Unica accortezza quella dell'olio e del sale, che devono essere monitorati con cura per evitare dei picchi di lipidi. L'obiettivo di coloro che seguono questo tipo di alimentazione è fare in modo che il bambino abbia già da piccolo una visione più equilibrata, che include ogni genere di verdura e frutta, i cereali, il latte di ogni tipo, così come il dolce e il salato sia per merenda sia durante i pasti principali. Vediamo quindi nel dettaglio quanto può durare questa fase e a chi si rivolge il percorso.

Quanto dura l'autosvezzamento

L'autosvezzamento ha una durata molto variegata e soggettiva, che dipende dalla volontà del bambino di sperimentare e assaggiare diversi sapori. Per questo motivo può essere completo a due mesi così come a due anni, quanto si è assaporato un campione di cibi vasto e si è delineato uno spettro di gusti.

Solitamente si inizia mettendo in tavola delle pietanze che possano andare bene per tutta la famiglia ma allo stesso tempo non siano molto pesanti per lo stomaco del piccolo, andando a dosare gli ingredienti e cercando di bilanciare gli ingredienti, come le vitamine, le proteine e soprattutto le fibre per favorire una corretta attività intestinale.

Potrai iniziare non appena il piccolo ha iniziato a mettere i primi denti o intorno ai 5 mesi, quando il latte materno necessita di essere intervallato da altre sostanze che possano rendere il pasto più ricco e favorire una crescita corretta del neonato, fino a quando non sarà capace di alimentarsi come un adulto.

A chi è rivolto l'autosvezzamento

L'autosvezzamento è un percorso che richiede una buona salute del piccolo, nel senso che non devono essere presenti intolleranze di alcun genere o allergie particolari. È pur vero che nella maggior parte dei casi queste vengono scoperte proprio quando si provano i cibi, pertanto si potrà iniziare l'autosvezzamento e poi nel caso interromperlo se si verificano degli effetti collaterali.

Più probabilmente sarà necessario aggiustare il tiro, quindi eliminare una serie di ingredienti che sono risultati indigesti e che forse per il momento è meglio evitare.

In ogni caso, in un bambino sano, è molto più improbabile che si sviluppi un'allergia scegliendo questa modalità rispetto alla classica, poiché lo stomaco si abitua a tutto e pertanto la digestione diviene nel tempo agevole.

Se hai deciso di optare per questa soluzione, monitora con cura il primo mese e, se vedi che tutto procede al meglio, non porti particolari limiti e introduci verdure, frutta, formaggi e cereali che solitamente sono rimandati a una fase successiva.

Quali sono gli alimenti più indicati per l'autosvezzamento

Gli alimenti indicati per l'autosvezzamento sono in primo luogo le verdure, di ogni colore e sapore, anche quelle solitamente meno amate come ad esempio gli asparagi o la bieta. Se il palato del piccolo si abitua sin da piccolo a queste soluzioni, è molto più probabile che da grande abbia un'alimentazione completa ed equilibrata, con il giusto apporto di vitamine.

Non porti dei limiti anche per quanto concerne la frutta, come ad esempio le fragole, solitamente demonizzate fino ai 36 mesi ma che in questo percorso sono ammesse dal principio. Per quanto concerne la carne, via libera a quella bianca e, con moderazione, anche a quella rossa, così come il pesce, chiaramente ben pulito da ogni genere di lisca e di spina.

Non dimenticare i cereali e la frutta secca, verificando sempre che non provochi allergie o sfoghi cutanei nel corso del tempo.Come condimenti, molto indicato il succo di limone, così come l'agave, la stevia o lo zucchero di canna, meno quello raffinato.

Via libera a un filo di olio extra vergine di oliva, a un pizzico di sale e anche alla noce moscata e al pepe nero, che donano sapore e insegnano a distinguere le spezie sin da piccoli.

Sui dolci, meglio preferire le creme magre, oppure i dessert a base di formaggio fresco come lo yogurt magro e frutta, perfetto per la merenda e la colazione.

1) Polpettine di merluzzo

Dosi: 12 palline
Tempo di preparazione: 55 minuti
Difficoltà: bassa

INGREDIENTI

500 g di merluzzo

- 1 uovo medio

- 450 g di patate gialle lesse

- 1 ciuffo di aneto

- 1 ciuffo di erba cipollina

- 1 cipolla bianca piccola

- una spolverizzata di pangrattato

- un pizzico di pepe

PREPARAZIONE

- Per il tuo bambino, hai pensato di proporre delle deliziose polpettine di merluzzo, ricche di sostanze antiossidanti e perfette per incentivare lo sviluppo del piccolo. L'elemento dai quale iniziare sono le patate gialle, lessate in acqua bollente per 35 minuti fino a che non si potranno infilare con la forchetta. Sbucciale con cura, tagliale a cubetti e mettile da parte.

- In una terrina potrai adagiare il merluzzo, privandolo di tutte le spine e lasciandolo sbollentare per circa 15 minuti, fino a quando la pelle non apparirà bianca. Utilizza dell'attrezzatura apposita per rimuovere tutte le lische, poiché sono molto pericolose se ingerite dal bambino piccolo.

- Insieme al merluzzo, inizia a tritare con l'apposito strumento sia la cipolla sia le erbe aromatiche, realizzando dei piccoli pezzettini da poter unire all'impasto nella creazione della polpettina. Unisci allora le patate lesse gialle che sono state già schiacciate, l'uovo di medie dimensioni sbattuto con una forchetta e del pepe nero per donare una nota ulteriore di sapore.

Crea delle palline piccole e facili da prendere con le mani, nello spirito dell'autosvezzamento che prevede che il bambino sia autonomo. Rotola le polpettine nel pangrattato e inseriscile nel forno statico a 175 gradi per 25 minuti, fino a che la superficie non risulti ben cotta e appena dorata.

2) Tortino di zucchine verdi

Dosi: 3 pezzi

Tempo di preparazione: 10 minuti

Difficoltà: media

INGREDIENTI

- 3 zucchine verdi classiche

1 uovo intero, compreso tuorlo e albume

- 2 cucchiai di robbiola o simile formaggio

- un cucchiaio di olio

- un ciuffo di erba cipollina

- poco sale

PREPARAZIONE

- Il tortino di zucchine si presenta come un goloso piatto da servire in ogni momento della giornata, come merenda deliziosa o anche come secondo completo, a base di vitamine.

Il primo ingrediente da trattare sono le zucchine, che devono essere lavate con cura per eliminare tutte le sostanze nocive, poi tagliate a piccoli pezzi, mantenendo la buccia.

- Poni in una pentola l'olio, le erbe aromatiche e le zucchine, per poi frullare in apposito macchinario tutto il composto dopo averlo scolato con cura.

Lo scopo è ottenere un composto sodo ma molto morbido al cucchiaio, con il quale riempire i pirottini.

- Unisci l'uovo con il solo tuorlo al formaggio fresco, realizzando un composto molto consistente. La compattezza è dovuta all'albume, che intanto è stato montato a neve con un apposito robot da cucina.

Per non far attaccare l'impasto, prendi una noce di burro o un filo di olio extra vergine di oliva e spalmalo su un pirottino, poi programma il forno statico a 170 per 25 minuti, osservando l'impasto che si gonfia e piano piano il tortino che prende forma, cuocendosi all'interno e dorandosi all'esterno. Usa come guarnizione il formaggio grattugiato spolverizzato e aspetta che il flan si freddi.

3) Quadratini di pizza fritta per bambini

Dosi: 10 pezzi

Tempo di preparazione: 35 minuti

Difficoltà: bassa

INGREDIENTI

- 6 uova intere
- 2 cucchiai pieni di formaggio grattugiato
- 200 g di fontina dolce
- 170 g di pomodoro in salsa
- zucchine, melanzane o vegetali di stagione
- dadini di prosciutto cotto

PREPARAZIONE

- Impossibile dare la classica pizza fritta a tuo figlio che inizia l'autosvezzamento, a patto che non ne venga fatta una versione ad hoc a lui riservata.

Appare come una sorta di frittata, un mix tra un pane morbido e una consistenza leggermente più umida, da farcire all'interno con i sapori che il piccolo maggiormente gradisce.

- Tutti gli ingredienti possono essere posti nello stesso contenitore: la fontina, le uova, il formaggio grattugiato e i dadini di prosciutto cotto tagliati molto piccoli.L'impasto sarà ancora liquido, quindi procedi a dargli consistenza con una frusta e montalo delicatamente, facendo in modo che tutti gli elementi siano incorporati.

- Per rendere la tua pizza dalla consistenza frittata più alta, il segreto è utilizzare una padella piccola, così da farla crescere soffice e morbida. Una seconda cottura andrà fatta in forno, quindi impostalo a 180 gradi e prepara una teglia spennellata di olio o con carta da forno.

- Guarnisci con delle foglie di basilico, delle fette di prosciutto, della salsa di pomodoro e qualsiasi verdura tu voglia far assaggiare al piccolo.

- Una volta sfornata, taglia la pizza a quadratini e assaporala ancora tiepida.

4) Gnocchetti sardi con ragù per bambini

Dosi: 5 piatti, per tutta la famiglia

Tempo di preparazione: 50 minuti

Difficoltà: media

INGREDIENTI

- 70 g di carote
- 30 g di cipolla bianca o cipollotto
- un gambo di sedano
- 60 g di acqua
- 150 g di macinato di manzo o altra carne dal sapore delicato
- 180 g di pomodoro in salsa dolce
- alloro qb
- un pizzico di formaggio da grattugiare

PREPARAZIONE

- Offrire al bambino un piatto di ragù è certamente una mossa vincente, poiché si tratta di una ricetta gradita dalla maggior parte dei piccoli, dal gusto delizioso e dal sapore delicato.

L'obiettivo è renderlo molto magro e digeribile, riducendo l'olio e i condimenti.

- Iniziamo creando un soffritto leggero e poco invadente, battendo a coltello sia la carota sia il cipollotto e rendendole quasi invisibili così che il bambino le mangi volentieri. Al posto di un filo di olio extra vergine di oliva potrai usare l'acqua, così da allungare la salsa in cottura.

- Rosola leggermente la carne fino a che non avrà assunto un colore dorato, poi uniscila alla salsa di pomodoro andando a mescolare di tanto in tanto fino a creare un condimento leggero ma saporito.

- La pasta, di piccolo formato, dovrà cuocere in pentola per circa 7 minuti, per poi essere conclusa all'interno della padella del condimento, andando a mantecare con il formaggio grattugiato fresco e con una foglia di alloro, così da far conoscere al bambino un diverso sapore. Se il piccolo non ha un anno di vita, potrai usare la classica pastina e condirla comunque con questa salsa nutriente e gustosa.

5) Pasta merluzzo e limone

Dosi: 5 piatti, per tutta la famiglia

Tempo di preparazione: 40 minuti

Difficoltà: bassa

INGREDIENTI

- 250 g di pasta dal formato piccolo, o pastina per i bambini
- 120 g di merluzzo, se possibile già spinato e privato della pelle
- mezzo limone spremuto e senza semi
- 70 g di formaggio spalmabile
- 10 g di latte di mucca
- 1 ciuffo di prezzemolo
- un cucchiaino di olio extra vergine di oliva

PREPARAZIONE

- Non vuoi fare un piatto diverso per ogni membro della famiglia e desideri realizzare una ricetta perfetta anche per il tuo bambino in autosvezzamento?

- Poni allora il merluzzo, già pulito e spinato, dentro una padella e imposta una fiamma bassa bassa, realizzando uno strato di olio extra vergine di oliva, acqua e prezzemolo triturato. Copri la preparazione e lascia rosolare il tutto per 15 minuti.

- Per realizzare il condimento, potrai unire tutti gli ingredienti restanti: il latte, il succo di limone, il formaggio spalmabile e il pesce che, una volta cotto, sminuzzerai in piccoli pezzi nel composto.

- Frulla il tutto e condisci la pasta, scolata ben cotta, all'interno della cremina delicata, mantecando con una spolverizzata di formaggio grattugiato se lo gradisci.

6) Palline di manzo e carote

Dosi: 15 pezzi

Tempo di preparazione: 40 minuti

Difficoltà: media

INGREDIENTI

- 450 g di carne ben macinata di manzo
- una spolverizzata di formaggio grattugiato
- 4 carote di grandi dimensioni
- un cucchiaino di olio extra vergine di oliva
- pangrattato qb
- un uovo medio, sia il rosso sia il bianco
- pane per tramezzini bagnato nel latte

PREPARAZIONE

- L'autosvezzamento prevede non solo che il bambino impari a mangiare tutti i cibi che sono serviti in tavola, ma che possa anche prenderli con le mani e procedere in autonomia, come nel caso di queste polpette.

La loro creazione è molto facile, iniziando dalle carote che vanno ridotte in piccoli pezzi e battute a coltello per un effetto tritato.

- In una terrina poni il manzo macinato, una spolverizzata di formaggio grattugiato, un filo d'olio extra vergine di oliva che può essere sostituito con l'acqua e l'uovo, amalgamando con le mani. Unisci il pane bianco messo prima a mollo nel latte, così da rendere l'impasto più solido, anche con l'aiuto di un pizzico di pangrattato.

- Ricopri tutta la superficie della polpetta di pangrattato e ponila su una teglia da forno, prima ricoperta di apposita carta assorbente. Il tempo per avere una polpetta dorata è di circa 25 minuti a 175 gradi in modalità statica, lasciando l'interno morbido e l'esterno croccante ma perfetto per i denti del piccolo.

- Mantieni le polpette in forno dopo la cottura per farle un po' asciugare, spolverizza con del formaggio grattugiato per una nota si sapore ulteriore.

Se il bambino ama scoprire nuovi abbinamenti, puoi mettere anche dei dadini di prosciutto nell'impasto

7) Yogurt alle pesche

Dosi: 3 persone

Tempo di preparazione: 30 minuti

Difficoltà: bassa

INGREDIENTI

- 3 vasetti di yogurt di latte vaccino, senza zuccheri e coloranti
- 1 pesca matura senza buccia
- 60 g di more fresche o congelate
- 60 g di ribes freschi o congelati
- 50 g di avena in fiocchi
- 50 g di cereali tipo cornflakes
- 50 g di muesli o altri cereali simili
- il succo di un limone intero

PREPARAZIONE

- L'estate è una stagione particolare per l'autosvezzamento, poiché spesso il bambino potrebbe avere molto caldo e non voler assaggiare nuovi alimenti. Un modo per tentarlo è quello dello yogurt alla frutta, realizzato in casa per eliminare coloranti e additivi.

- Potrai utilizzare ogni genere di frutta, dalla pesca alla banana, facendo attenzione al lavaggio con bicarbonato e acqua per togliere tutti i pesticidi.

Taglia tutta la frutta a pezzetti e mescolala realizzando un gradevole succo con il limone, in modo che non annerisca all'interno del frigorifero.

- Dopo aver tamponato i frutti rossi per togliere l'eccesso di acqua, unisci il tutto allo yogurt freddo di frigo e amalgama con l'aiuto di un cucchiaio, aggiungendo alla fine i cereali che hai preparato, per un perfetto concentrato di vitamine e fibre che apporterà importanti nutrienti al piccolo.

- Potrai preparare questa merenda in quantità elevate e consumarla anche per due giorni, conservandola all'interno del frigorifero e cambiando di volta in volta la guarnizione.

8) Tortino alle pesche

Dosi: 6 pezzi

Tempo di preparazione: 40 minuti

Difficoltà: bassa

INGREDIENTI

- 3 pesche senza buccia, piuttosto mature
- 180 g di farina bianca 00
- 60 g di burro fuso di latte vaccino
- una spolverizzata di cannella
- 1 uovo di medie dimensioni
- un pizzico di bicarbonato
- un pizzico di lievito istantaneo per dolci

PREPARAZIONE

- Hai deciso di festeggiare il primo compleanno del tuo bambino in grande ma con ricette sane e genuine, compatibili con l'autosvezzamento, allora i muffin alle pesche e senza zuccheri aggiunti sono l'ideale.

- Preriscalda il forno preparando una teglia con la carta da forno, mentre procedi con il taglio della pesca in piccoli cubetti. Sceglila matura in modo che potrai schiacciarla bene con la forchetta.

- In una terrina o nel contenitore del robot da cucina, poni la frutta schiacciata insieme all'uovo intero e alla spolverizzata di cannella, mescolando con delle fruste a filo per creare un composto omogeneo.

Mancano solo il burro fuso e inserito tiepido e la farina setacciata con cura per evitare la formazione di grumi.

- Spennella con dell'olio i pirottini e ponili a una certa distanza gli uni dagli altri all'interno della teglia, per poi riempirli per metà con l'impasto, per evitare che quando si gonfia fuoriesca. Il tempo di cottura è di circa 30 minuti, lo vedrai dal cappello che aumenta la dimensione.

- Poni dei pezzetti di pesca a cubetti sul cappello e guarnisci con della marmellata a piacere.

9) Tramezzino con uova strapazzate e prosciutto cotto

Dosi: 2 tramezzini

Tempo di preparazione: 15 minuti

Difficoltà: bassa

INGREDIENTI

- 1 uovo, sia il tuorlo sia l'albume
- 4 fette di pane per tramezzini
- 20 g di burro
- un pizzico di sale
- un pizzico di formaggio grattugiato
- due fette di prosciutto cotto magro

PREPARAZIONE

- Le uova strapazzate sono un ottimo modo per inserire questo alimento nella dieta del bambino, rendendo maggiormente variegata e gustosa. Per questo, un tramezzino farcito è l'ideale per una merenda sana ma anche per un pranzo veloce fuori casa.

- Per creare un tramezzino con uova strapazzate, tostato o meno, inforna il pane bianco e lascialo dorare per qualche minuto, girandolo da una parte all'altra e togliendo i bordi.

- Per fare le uova, fai sciogliere una noce di burro all'interno di una padella, aggiungi sia il tuorlo sia l'albume e sbatti con una forchetta, aggiungendo al composto un pizzico di sale e anche di pepe nero se gradito al bambino, più grande dei 18 mesi d'età.

- Non può mancare il formaggio grattugiato e il prosciutto cotto tagliato in piccole striscioline, da mettere nel composto, oppure da lasciare intero e adagiare dentro il tramezzino.

- Quando l'uovo si sarà cotto alla perfezione (attenzione che l'uovo crudo può essere nocivo), ponilo sul pane con sopra una fetta di prosciutto e sotto un velo di burro per un pizzico di gusto ulteriore. Taglia il tramezzino a triangolo e servilo al bambino a merenda.

10) Biscotti morbidi alla frutta secca e cereali

Dosi: 30 biscotti

Tempo di preparazione: 50 minuti

Difficoltà: alta

INGREDIENTI

- 260 g di farina bianca o di avena
- 260 g di fiocchi d'avena o di altri cereali equivalenti
- 260 g di frutta essiccata, come banane, prugne, mele o albicocche
- 100 g di burro di latte intero
- acqua calda qb
- un pizzico di bicarbonato
- 90 ml di sciroppo d'acero

PREPARAZIONE

- Prima di iniziare la preparazione di questo delizioso biscotto morbido all'interno e dorato all'esterno, accendi il forno a 150 gradi e lascialo riscaldare per 10 minuti, in questo modo si creerà la perfetta temperatura per accogliere l'impasto posizionato sulla carta da forno.

Per tritare la frutta secca che hai scelto, ponila dentro un robot da cucina e attiva il massimo della potenza, serve che sia ridotta in pezzi molto piccoli per poterla amalgamare.

Avena, farro, muesli, opta per vari sapori e fai così conoscere a tuo figlio un mix nuovo. Potrai unire il tuo tritato con la farina bianca setacciata, lasciando da parte le polveri per qualche minuto e dedicandoti agli latri ingredienti.

- Il burro, fuso all'interno di una pentola, può essere unito allo sciroppo d'acero e al bicarbonato di sodio, preriscaldato in acqua bollente, quasi a formare una sostanza schiumosa. Ingloba quanto ottenuto con le polveri che hai messo da parte, mescola con un cucchiaio e senza utilizzare le fruste che potrebbero essere troppo aggressive.

Poni sulla carta da forno parte dell'impasto utilizzando un cucchiaio per formare dei dischetti, così che il bambino possa prenderli con le mani nel rispetto dello spirito dell'autosvezzamento.

Il tempo di cottura è molto breve, circa 15 minuti, così che tu possa rapidamente preparare questa ricetta se sei senza merenda.

11) Pera cotta al forno con cannella

Dosi: 3 pere

Tempo di preparazione: 25 minuti

Difficoltà: bassa

INGREDIENTI

- 3 pere di medie dimensioni, nella variante dolce e marrone
- mezzo limone grattugiato dal quale ricavare la scorsa
- una spolverizzata di cannella in polvere

PREPARAZIONE

- Invece della classica mela cotta, perché non aggiungere nella dieta del tuo bambino, durante il periodo dell'autosvezzamento, la variante della pera?

Si tratta di un frutto molto dolce di suo, ma con l'aggiunta di cannella diventerà una delle merende più sane e salutari. Iniziamo andando a tagliare la pera in pezzi piccoli e regolari, optando per una variante morbida e succosa, così che sarà più semplice procedere con la cottura in padella.

- Prendi quindi una casseruola di piccole dimensioni e metti a rosolare i cubetti di pera insieme alla scorza di limone, che avrai grattugiato dopo averlo lavato con cura, eliminando eventuali residui di pesticidi.

Aggiungi una spolverizzata di cannella e fai attenzione a dosare bene questo ingrediente, essendo il suo gusto piuttosto aromatico, da inserire nell'autosvezzamento con moderazione.

- I tempi di cottura sono di circa 20 minuti, coprendo il composto con un coperchio e girando di tanto in tanto con una spatola, così che si realizzi un goloso purea di pera.

- Una volta che avrai raggiunto la giusta consistenza, procedi con l'impiattamento e spolverizza ancora la cannella per il decoro, il bambino sarà attratto da colore e odore caratteristico.

Parliamo di una merenda genuina soprattutto durante l'inverno e le feste.

12) Merluzzo al limone

Dosi: 4 persone

Tempo di preparazione: 30 minuti

Difficoltà: bassa

INGREDIENTI

- 650 g di merluzzo già sfilettato
- 250 ml di latte materno o di mucca, liquido o in polvere
- il succo e la scorza di un limone maturo e lavato
- 45 g di burro fuso vegetale o animale
- una spolverizzata di farina

PREPARAZIONE

- Inserire il pesce nel processo di autosvezzamento è essenziale, poiché apporta sali minerali, calcio, zinco e fosforo, essenziali per la crescita del piccolo.

Talvolta il sapore potrebbe non essere però molto gradito, quindi con questa ricetta avrai modo di introdurre il merluzzo, da poter intervallare con la sogliola altrettanto adatta ai bambini. Per donare una nota dolce e accogliente di sapore, poni la fettina di merluzzo in una ciotola con uno strato di latte, lasciandolo impregnare per 5 minuti e senza buttare dopo il liquido.

- Intanto predisponi una padella e lascia sciogliere il burro, meglio se di origine vegetale per risultare più leggero. Quando lo senti sfrigolare metti il pesce all'interno e fai cuocere fino a quando non avrà un colorito bianco e una consistenza compatta, aggiustando di sale per dare sapore.

- Nella fase della cottura il pesce andrà bagnato prima con il latte che hai conservato e successivamente con il limone, spremuto, togliendo i semi e grattugiando anche la scorza per far assaggiare un sentore aspro al piccolo.

Il fuoco deve essere molto basso per consentire alla cremina di addensarsi, aggiungendo un tocco di farina oltre a quella utilizzata per impanare il pesce prima di metterlo in padella.

- Servi il piatto ancora caldo e aggiungi una verdura di stagione, come ad esempio l'insalata, per un bonus di vitamine che favoriscono la crescita, colorando il piatto a tuo piacimento anche con dei pomodorini gialli e rossi, che bilanciano con dolcezza il limone.

13) Hamburger di carote, verza e patate dolci

Dosi: 5 hamburger

Tempo di preparazione: 20 minuti

Difficoltà: alta

INGREDIENTI

- 250 g di verza, fresca o surgelata, cotta o da cuocere
- 3 patate dolci senza buccia e dalla dimensione media
- 3 carote medie
- una spolverizzata di formaggio grattugiato
- un filo di olio extra vergine di oliva
- 1 pizzico di sale
- una spolverizzata di pangrattato

PREPARAZIONE

- Se il tuo bambino fatica a mangiare le verdure ma non vuoi che rinunci al giusto mix di vitamine e nutrienti, prova i burger vegetali che assomigliano in tutto e per tutto a quelli di carne.

Per velocizzare la ricetta, puoi procedere con della verza già cotta, oppure lasciarla cuocere all'interno di una padella aggiungendo un filo di acqua invece che di olio, così da limitare i grassi.

- Sbuccia le patate e le carote e metti tutto insieme a lessare, per poi inserire gli ingredienti in un mixer per frullare in composto e dargli la giusta consistenza. Non può mancare una spolverizzata di pangrattato e formaggio grattugiato per dare consistenza, un cucchiaino di olio extra vergine di oliva e del sale, a seconda dell'età del piccolo.

Eliminando le uova, il piatto sarà più salutare ma risulterà comunque semplice realizzare la corretta forma del burger, un disco tondo di medie dimensioni e alto 1 cm circa.

- Il burger deve essere passato nel pangrattato e posizionato su una teglia da forno precedentemente ricoperta di carta assorbente, aggiungendo anche del rosmarino se gradito.

I tempi di cottura sono di circa 20 minuti a 185 gradi in modalità statica, girando il burger di tanto in tanto per dorarlo all'esterno da entrambi i lati. Per accompagnare, potrai scegliere una diversa verdura di stagione, come le zucchine, oppure del pane da bruschetta per una consistenza diversa.

14) Frittelle di mele e uova fresche

Dosi: 10 frittelle

Tempo di preparazione: 15 minuti

Difficoltà: bassa

INGREDIENTI

- 3 uova di grandi e fresche
- 1 mela rossa o farinosa
- 20 g di burro animale o meglio vegetale
- marmellata o composta di frutta qb

PREPARAZIONE

- Se sei ancora molto affezionata alle tradizioni della nonna, non potrai che apprezzare le frittelle di uova fresche e mele, che con il loro caratteristico odore profumano la casa e rendono speciale la merenda del bambino.

La mela è un frutto che si presta perfettamente all'autosvezzamento, poiché non contiene troppi zuccheri o calorie ma garantisce la giusta dolcezza, soprattutto con l'aggiunta della marmellata fatta in casa. Il primo passo da compiere è quello di sbucciare la mela e tagliarla in piccoli cubetti, ponendola poi in una terrina insieme alle uova, che andranno sbattute fino a ottenere una consistenza cremosa del composto, con i pezzi di frutta ben visibili.

- Come accade quando vai a creare dei pancake, fai sciogliere prima il burro vegetale in una padella antiaderente e poni un cucchiaio pieno di impasto al centro, così che possa allargarsi andando a formare un disco di medie dimensioni.

Lo scopo dell'autosvezzamento è che il piccolo possa prendere il cibo con le mani da solo e questa è una merenda che si presta perfettamente a questa funzione. Le frittelle devono essere perfettamente dorate da entrambi i lati e per vedere se sono cotte all'interno fai la prova dello stecchino.

Decora le frittelle ancora calde con degli spicchi di mela passata nel limone per non farla annerire, grattugiandola anche sopra per una nota di sapore ulteriore, che potrai dare anche con una confettura di frutta diversa.

La ricetta è molto versatile e può essere impreziosita con un filo di zucchero a velo se il piccolo lo gradisce.

15) Vellutata di ceci e tonno fresco

Dosi: 10 persone

Tempo di preparazione: 15 minuti

Difficoltà: media

INGREDIENTI

- 150 g di tonno in scatola al naturale oppure di filetti freschi
- 450 g di ceci già cotti e sbucciati, oppure secchi
- un filo di di olio extra vergine di oliva
- 3 cipolle bioanche tritate piccole
- un pizzico di pepe in grani tritato
- mezzo limone spremuto per ottenere il succo.

PREPARAZIONE

- La mousse di ceci e tonno ha un sapore dolce e delicato, pertanto si presta anche alle prime fasi dell'autosvezzamento, quando il piccolo ha ancora bisogno di consistenze cremose ma anche di assaggiare gusti nuovi.

- Sarebbe molto utile possedere un robot da cucina o un mixer, così da porre i legumi con il tonno all'interno di una ciotola, inserendo anche il succo di mezzo limone e un filo di olio extra vergine di oliva, per non esagerare con i grassi.

- La crema che deve venire è morbida e liscia, priva di grumi, da salare più o meno in base all'età del piccolo.

- Il pepe e la cipolla sono due ingredienti che sarebbe meglio mettere dopo l'anno di vita, quando sono stati assimilati anche dei sapori più forti, per rendere il piatto completo.

- Se non sai cosa cucinare a tuo figlio e non hai molto tempo a disposizione, questa soluzione è estremamente versatile, da poter utilizzare come condimento della pasta, antipasto o merenda salutare, soprattutto se spalmerai la crema sul pane, realizzando prima dei crostini nel forno.

16) Gelato alla pesca noce

Dosi: 3 gelati

Tempo di preparazione: 15 minuti + raffreddamento in freezer

Difficoltà: media

INGREDIENTI

- 250 g di pesca noce matura, dalla polpa gialla e morbida
- 190 di yogurt senza grassi bianco o alla pesca
- 90 g di yogurt normale bianco o alla pesca
- zucchero bianco oppure stevia

PREPARAZIONE

- Il caldo si sta facendo notevolmente sentire e il tuo bambino sembra avere meno appetito del solito.

Perché non stuzzicare il suo palato con una merenda dolce e gustosa a base di gelato fatto in casa, senza coloranti e additivi aggiunti? Procurati un robot da cucina o un semplice frullatore, poni all'interno la pesca matura prima sbucciata e tagliata a tocchetti, realizzando una purea molto morbida, alla quale aggiungerai dello zucchero bianco che se il piccolo ha superato i 12 mesi, oppure della stevia per evitare le varianti raffinate.

- La corretta cremosità del gelato si ottiene solo inserendo le due componenti di yogurt, quello magro e quello intero, amalgamando con dell'agave se il composto non risulta abbastanza dolce e triturando al meglio la frutta.

- Per divertire al meglio il bambino, realizza dei veri stecchi di gelato. Avrai bisogno di appositi stampi, all'interno dei quali versare il prodotto e lasciarlo congelare all'interno del freezer per tutta la notte, così da estrarli il giorno seguente.

- Oltre al gusto pesca, potrai sbizzarrirti con una serie di varianti esotiche in base ai gusti del bambino, come il mango, la banana oppure il melone estivo.

17) Pancake svuotafrigo ai salumi misti

Dosi: 20 pezzi

Tempo di preparazione: 20 minuti

Difficoltà: bassa

INGREDIENTI

- un filo di olio extra vergine di oliva
- 260 ml di latte animale o vegetale
- 140 g di farina bianca 00
- una spolverizzata abbondante di formaggio grattugiato
- 2 uova fresche medie
- lievito per preparazioni salate qb
- sale qb
- prosciutto cotto o crudo, bresaola, mortadella

PREPARAZIONE

- Come prima cosa, dividi con attenzione il tuorlo dall'albume, per evitare di compromettere questi ultimi nella fase in cui verranno montati. Scegli delle uova fresche per migliorare l'apporto di nutrienti e preservare la salute del bambino.

- Per montare il rosso dell'uovo, unisci il sale e un filo di olio extra vergine di oliva e inserisci il tutto in un robot da cucina o un mixer, fino a ottenere un composto spumoso della corretta consistenza. Manca la parte delle polveri, quindi setaccia con cura la farina e, quando sarai certo dell'assenza di grumi, mescola il tutto amalgamando dal basso verso l'alto.

Pulendo le fruste, monta anche gli albumi con poco zucchero, facendo in modo che la consistenza sia quella della neve e inglobando il composto a quello precedentemente realizzato con molta delicatezza.

Per cuocere i pancake, è necessario spennellare la superficie della padella con una noce di burro o poco olio extra vergine di oliva, utilizzando un cucchiaio per porre il composto al centro e lasciarlo espandere fino a realizzare un disco, che dovrà essere ben dorato da entrambe le parti e spugnoso all'interno.

La parte superiore dei pancake può essere farcita come si preferisce, utilizzando dei salumi magri come ad esempio il tacchino, poco calorico, il prosciutto cotto o quello crudo, facendo attenzione a scegliere una versione poco salata per il piccolo.

18) Palline di ceci e zucchine

Dosi: 6 palline

Tempo di preparazione: 55 minuti

Difficoltà: alta

INGREDIENTI

- 150 g di ceci, sia già cotti sia da ammollare in acqua tiepida
- 2 zucchine classiche di medie dimensioni
- pangrattato qb
- 7 foglie di basilico verde e fresco
- un cucchiaio di olio extra vergine di oliva
- sale qb in base all'età del piccolo

PREPARAZIONE

- Se il bambino fatica ad accettare sia i legumi sia le verdure, forse è il caso di fargli delle polpettine di piccole dimensioni, che ricordano quelle di carne molto più amate e soprattutto si possono prendere con le mani, donando un mix di energia e vitamine benefiche.

- Sbuccia e pulisci la verdura, con acqua e bicarbonato, ponendo poi la zucchina su una teglia da forno e lasciandola cuocere per alcuni minuti a 190 gradi, fino a quando non risulterà morbida e lavorabile con una forchetta.

- I ceci e la zucchina tagliata a cubetti possono essere inseriti direttamente all'interno del mixer, così che si realizzi una deliziosa cremina insieme all'olio extra vergine di oliva, al sale e al basilico lavato e asciugato.

Per dare la giusta consistenza, spolverizza il tutto con del pangrattato anche all'interno.

- Crea allora delle piccole palline e passale all'interno del pangrattato, ponendole su una placca da forno con carta apposita a una certa distanza le une dalle altre.

Il forno deve essere impostato a 190 gradi, per circa 20 minuti, fino a quando la superficie non sarà dorata.

Gira la pallina di tanto in tanto e, se necessario, aggiungi del limone per un sentore aspro da far provare al bambino, servendo il piatto ancora tiepido.

19) Petto di pollo con arancia e rosmarino fresco

Dosi: 6 piatti

Tempo di preparazione: 40 minuti

Difficoltà: media

INGREDIENTI

- 6 fettine di petto di pollo tagliato sottile
- un filo di olio extra vergine di oliva
- aglio triturato qb
- 1 ciuffo di rosmarino
- mezzo limone per spremere il succo
- un filo di aceto di mele
- sale qb in base all'età del bambino

PREPARAZIONE

- Il pollo è una delle prime carni che si da al bambino durante la fase dell'autosvezzamento, perché bianca e molto leggera, da poter cucinare in maniera sfiziosa a seconda delle esigenze.

Quando si parla di bambini, bisogna stare molto attenti alla pulizia, quindi per prima cosa lava le cosce di pollo sotto un getto d'acqua corrente e poi tamponale con della carta assorbente.

- Il pollo deve essere poi messo all'interno di una casseruola, dopo aver lasciato appassire lo spicchio d'aglio nel filo di olio extra vergine di oliva, per non esagerare con i grassi. Con l'aiuto di una pinza, gira il pollo quando lo vedrai cotto da un lato, così da farlo rosolare al punto giusto.

- Se non vuoi esagerare con il sale o con i condimenti, l'aceto di mele è esattamente la soluzione che fa al caso tuo, poiché si presta a donare dolcezza.

Potrai comunque bilanciare con del succo di limone, così che il piccolo possa apprezzare anche la nota aspra.

La seconda cottura prevede che il forno sia impostato a 190 gradi per circa 20 minuti, facendo attenzione a rosolare il pollo senza bruciarlo e condendolo poi con del rosmarino aromatico e stuzzicante.

20) Hummus di ceci freschi e rosmarino

Dosi: 6 persone

Tempo di preparazione: 30 minuti

Difficoltà: bassa

INGREDIENTI

- 250 g di ceci già cotti oppure da mettere in ammollo in acqua
- un filo di olio extra vergine di oliva
- un filo di olio di semi di mais o di girasole
- sale qb in base all'età del bambino
- il succo di mezzo limone
- agli triturato qb
- formaggio grattugiato qb

PREPARAZIONE

- L'Humus, in ogni sua versione, è un piatto che viene poco considerato quando si parla di autosvezzamento, ma in realtà si presta molto bene per la sua consistenza morbida e cremosa. La versione classica prevede l'uso di ceci, che con la loro dolcezza sanno conquistare il palato del bambino, soprattutto se arricchiti con un filo di olio e del rosmarino triturato. Vediamo quindi come prepararlo in pochi semplici passaggi.

- Immergi i ceci in acqua bollente e attendi che diventino morbidi, per poi frullarli insieme all'olio extra vergine di oliva, al formaggio grattugiato, al sale se già inserito nella dieta del piccolo. Lo scopo è realizzare una crema abbastanza densa, che possa essere spalmata oppure mangiata in autonomia con il cucchiaino.

- Aggiusta il sapore con i condimenti, facendo attenzione a non esagerare con i grassi aggiunti e utilizzando del formaggio grattugiato per la sapidità al posto di troppo sale.

- Realizza dei crostini in forno di piccole dimensioni, in modo che il bambino possa immergerli nella salsa e mangiare da solo, così come vuole l'autosvezzamento.

21) Crocchetta di merluzzo, patate dolci e verza

Dosi: 10 persone

Tempo di preparazione: 30 minuti

Difficoltà: alta

INGREDIENTI

- 550 g di merluzzo o sogliola fresca a fetta
- 3 patate medie
- 150 g di verza a foglie o congelata
- 1 uovo fresco
- una spolverizzata di pangrattato per la panatura

PREPARAZIONE

- Il pesce e le verdure sono degli ingredienti che non dovrebbero mai mancare nell'autosvezzamento del tuo bambino, da far apprezzare cucinate con modalità più appetitose del solito.

Parliamo in questo caso di crocchette cotte al forno, di medie dimensioni, che possono essere prese con le mani nello spirito dell'autosvezzamento. Per prima cosa lava con cura la verza con acqua e bicarbonato, asciugala e mettila da parte, dedicandoti ad altre preparazioni.

- Poni all'interno di un mixer l'uovo intero, la verza, il pesce sminuzzato e precedentemente lessato, privato delle lische con cura per evitare pericoli. Frulla il tutto fino a ottenere un composto cremoso e delicato, da poter panare con cura.

- Il passo successivo consiste nel realizzare delle crocchette dalla forma allungata, da passare nel pangrattato e da mettere in forno a 185 gradi per circa 30 minuti.

Lo scopo è che la crocchetta sia dorata in superficie e morbida all'interno, ideale per la merenda del bambino perché non viene fritta e pertanto risulta salutare.

22) Torta di mele tipo strudel con cannella

Dosi: 2 fette

Tempo di preparazione: 20 minuti

Difficoltà: bassa

INGREDIENTI

- 2 mele morbide e mature, gialle o rosse
- una manciata di uvetta
- marmellata di pesce, albicocche o succo di agave dolce
- una spolverizzata di cannella
- 5 biscotti tipo oro saiwa

PREPARAZIONE

- In inverno, quale dolce è migliore dello strudel per poter realizzare una merenda deliziosa e molto gustosa? Per i più piccoli, è necessario qualche accorgimento, soprattutto sulla dose della cannella e dello zucchero, sostituendolo con del succo di agave.

Il primo ingrediente da trattare sono le mele, che vanno sbucciate e ridotte in piccoli dadini, per poi metterle in una ciotola con del succo di limone.

Questo ingrediente impedisce che deperiscano in frigorifero mentre sono a riposo e ci si dedica al resto della preparazione.

- Il secondo passo da compiere è mettere l'uvetta in acqua per reidratarla, per poi tagliarla a pezzetti e cuocerla in una padella, con i dadini di mele e cannella, così da donare un tocco di dolcezza ulteriore al composto.

- Per realizzare uno strato sottostante croccante, tritura i biscotti con un mixer e uniscili a un cucchiaino di burro fuso, per poi porre in composto sul fondo del bicchiere e porre un secondo strato di mela cotta con la cannella.

Procedi con più sovrapposizioni e lascia stiepidire, lasciando al piccolo il cucchiaino per poter mangiare da solo.

23) Avocado toast con tonno

Dosi: 2 persona

Tempo di preparazione: 10 minuti

Difficoltà: bassa

INGREDIENTI

- 1 avocado maturo e morbido
- 1 scatola di tonno al naturale
- 2 fette di pane bianco tipo tramezzino
- un filo di olio extra vergine di oliva
- pepe nero se gradito

PREPARAZIONE

- Un avocado toast è una merenda deliziosa o un antipasto sfizioso per il tuo bambino nella fase dell'autosvezzamento. Molto semplice da preparare, si presta alla stagione estiva e soprattutto si rivela completa e nutriente.

- Prendi del pane da tramezzino e togli eventualmente i bordi, così da renderlo più morbido e masticabile.

Potrai fare una base croccante sia mettendolo in forno a 180 gradi per 5 minuti, sia in padella, così da girarlo da una parte all'altra fino a che non sarà dorato.

- Se hai scelto un avocado maturo, sarà molto semplice togliere la buccia e anche il nocciolo, riducendolo a dadini e mettendolo nella ciotola di un robot da cucina.

Una goccia di limone servirà a donare una nota di aspro, che ben si sposa con il pesce che andrai ad aggiungere.

- Ora spalma il composto sul pane caldo e aggiungi 2 cucchiaini di tonno al naturale o ben scolato, un filo di olio extra vergine di oliva e una spolverizzata di pepe nero se gradito, così da condire il piatto con l'aggiunta di spezie e sapori nuovi.

24) Straccetti di manzo con crema di zucchine

Dosi: 3 piatti

Tempo di preparazione: 30 minuti

Difficoltà: media

INGREDIENTI

- 1 zucchina verde matura
- 150 g di straccetti di manzo senza grasso
- Un filo di olio extra vergine di oliva
- una spolverizzata di formaggio grattugiato
- una spolverizzata di pangrattato
- sale qb

PREPARAZIONE

- Le zucchine sono una delle verdure che i bambini accettano con maggiore entusiasmo, poiché dolci al punto giusto e abbinabili con diversi ingredienti, compresa la carne.

Gli straccetti sono un piatto estivo molto delicato, da consumare caldi o freddi e da poter mangiare in autonomia. Procedi mettendo le zucchine in una pentola e lasciale bollire per circa 15 minuti, facendo la prova della forchetta per ottenere la morbida consistenza.

- Utilizza l'acqua di cottura che non avrai buttato al momento di frullare la verdura, senza dimenticare l'olio e un pizzico di sale per donare sapidità al composto.

Per trattare la carne, mixa il pangrattato e il formaggio grattugiato, utilizza del latte e impana gli straccetti, così che stiamo croccanti all'esterno e morbidi all'interno.

- Invece dell'olio, poni nella padella ancora l'acqua delle zucchine e cuoci a fuoco medio la carne, facendo attenzione a lasciarla morbida e cremosa.

- Il pezzo forte di questo piatto sarà il letto di zucchine morbido e soffice, con la carne sopra croccante e panata, con l'aggiunta di qualche goccia di limone per donare una nota acida.

25) Palline di robiola

Dosi: 15 palline

Tempo di preparazione: 10 minuti

Difficoltà: media

INGREDIENTI

- 450 g di robiola di mucca fresca
- una spolverizzata di formaggio grattugiato
- 1 ciuffo di prezzemolo
- 1 uovo fresco medio
- sale qb
- una spolverizzata di pangrattato

PREPARAZIONE

- Le polpettine sono un piatto ideale nella fase dell'autosvezzamento, poiché risultano golose e allo stesso tempo possono essere prese con le mani e gustate in autonomia. Per dare consistenza all'impasto, prendi la robiola, lavorala con una forchetta e aggiungi del pangrattato, così da realizzare un composto cremoso.

- Ora aggiungi il prezzemolo finemente tritato e l'uovo intero, sia il tuorlo sia l'albume, utilizzando un robot da cucina per amalgamare. Unisci il pangrattato al sale, per realizzare una panatura saporita, dove passerai le palline che hai composto per poi posizionarlo su una teglia ricoperta di carta da forno.

- Cuoci per circa 15 minuti a 190 gradi all'interno del forno statico, girando di tanto in tanto con l'ausilio di una pinza così da far dorare tutti i lati.

- Il bello delle polpette è che possono essere mangiate calde ma anche fredde, con le mani da sole o anche con una salsa di accompagnamento, oppure con un contorno di verdure per donare al piccolo un concentrato di vitamine.

26) Polpettone della nonna fantasia

Dosi: 1 polpettone

Tempo di preparazione: 20 minuti

Difficoltà: alta

INGREDIENTI

- 450 g di macinato, maiale e manzo
- 150 g di mollica di pane tipo tramezzino
- 1 bicchiere di latte intero di mucca o materno
- 50 g di formaggio grattugiato
- 1 uovo fresco e medio
- un ciuffo di prezzemolo
- 90 g di prosciutto cotto senza grasso
- sale qb in base all'età del bambino
- un cucchiaino di olio extra vergine di oliva

PREPARAZIONE

- Il polpettone salverà ogni madre in tutte le stagioni, se ha poco tempo e non sa come nutrire il piccolo con un alimento sano e completo. Visto che siamo nella fase dell'autosvezzamento, meglio realizzare una soluzione gustosa ma poco condita, così che lo soddisfi ma allo stesso tempo non ci sia un apporto di grassi eccessivo.

- Inizia inserendo il pane in una ciotola con del latte, così che sia morbido e possa essere lavorato con la carne macinata ridotta in piccoli pezzi.

Unisci poi l'uovo fresco, sia il tuorlo sia l'albume, il prezzemolo sottile e il formaggio grattugiato, così da realizzare un composto morbido ma anche consistente.

- Prendi un ampio foglio di carta forno e, con l'aiuto di un mattarello, stendi l'impasto al centro, inserendo al suo interno tutti gli ingredienti che possono piacere al piccolo. Prosciutto cotto, uova, verdure di stagione, pangrattato e formaggio, così da realizzare un gradevole mix di sapori.

Dopo aver arrotolato con cura il polpettone, chiudilo alle estremità come una caramella e condiscilo con olio sopra la carta, così che arrivi in maniera meno diretta. La cottura è eseguita a 180 gradi, fino a che non vedrai comparire una crosticina superficiale e il cuore sarà filante e umido, ideale per i bambini piccoli.

27) Riso alle zucchine e carote

Dosi: 6 piatti

Tempo di preparazione: 10 di preparazione e 40 di cottura

Difficoltà: alta

INGREDIENTI

- 5 carote grandi e mature
- 3 zucchine medie
- 280 g di riso bianco
- un filo di olio extra vergine di oliva
- 1 cipolla bianca da tritare finemente
- 50 di robbiola di mucca o vegetale
- zafferano se gradito al piccolo
- 50 di formaggio cremoso e spalmabile

PREPARAZIONE

- Quale migliore occasione di unire il gusto dolce di carote e zucchine se non all'interno di un risotto cremoso e ben mantecato? Occupati quindi inizialmente delle verdure, andando a lessare la zucchina per 20 minuti in acqua bollente e grattugiando la carota finemente.

- In un filo di olio extra vergine di oliva, metti a rosolare la cipolla tritate finemente, lasciandola nel composto se gradita al piccolo oppure rimuovendola così da evitare un sapore forte.

Fai tostare il riso per qualche minuto nel soffritto, e aggiungi le carote, le zucchine, un mestolo di brodo vegetale se posseduto oppure dell'acqua bollente. Il tempo di cottura è di circa 20 minuti, con un sapore più o meno intenso in base alle verdure del brodo vegetale.

Il sapore sarà certamente più intenso nel primo caso, quindi il suggerimento è di tenere sempre del brodo vegetale a disposizione per la realizzazione di gustosi risotti.

- Ogni volta che il riso sembra asciugarsi, aggiungi un mestolo fino a che non risulterà morbido e della giusta consistenza per il bambino e, solo a questo punto, aggiungi il formaggio spalmabile per amalgamare sfruttando il calore.

Manca solo un filo di olio extra vergine di oliva, un pizzico di sale e del prezzemolo se gradito.

28) Crema di fagioli freschi

Dosi: 5 persone

Tempo di preparazione: 25 minuti

Difficoltà: facile

INGREDIENTI

- 250 g di fagioli già cotti o freschi, borlotti o di altro tipo
- 2 cipolle bianche di piccole dimensioni da tritare finemente
- 2 patate gialle medie senza buccia

PREPARAZIONE

- Se sei un amante del veggie e non sai cosa proporre al piccolo nella fase di autosvezzamento, la crema di fagioli è un piatto gustoso e dolce, che si presta a essere consumata in vari modi, come condimento della pasta o come salsa da spalmare sul pane per una merenda sana e nutriente.

All'interno di una pentola piuttosto capiente, metti a lessare i fagioli per circa 20 minuti, unendo anche la cipolla, per poi rimuoverla alla fine così da non avere un sapore troppo forte.

- Dopo qualche minuto sarà il turno della patata tagliata a cubetti, facendo la prova della forchetta per sentire se è abbastanza morbida. Al termine dell'operazione potrai scolare le verdure e porle in un contenitore per poi frullarli con un apposito mixer.

Lo scopo è realizzare una salsa liscia e marrone, senza grumi e che possa essere condita con un filo di olio extra vergine di oliva e di sale, senza richiedere troppi ingredienti.

Perché non trasformare poi questa crema in una vera e propria vellutata, aggiungendo solo del brodo vegetale per rimanere sulla ricetta veggie? Con dei crostini la composizione sarà completa.

- Se il piccolo lo gradisce, spolverizza del formaggio grattugiato e del pepe nero, nel perfetto spirito dell'autosvezzamento che prevede di assaggiare molte soluzioni diverse.

29) Gallette di mais con mele e burro di arachidi spalmabile

Dosi: 4 gallette

Tempo di preparazione: 10 minuti, senza cottura

Difficoltà: bassa

INGREDIENTI

- 4 gallette di mais di media grandezza
- burro di arachidi non trattato da spalmare sulle gallette qb
- 1 mela farinosa e morbida

PREPARAZIONE

- Se vuoi preparare un dessert delizioso per tuo figlio ma non hai molto tempo a disposizione, è giunto il momento di dedicarti alla creazione delle gallette di mais alla frutta e burro di arachidi.

- Compra del burro di arachidi di qualità, facendo attenzione all'insieme degli ingredienti e agli zuccheri e i coloranti aggiunti, che non sono compatibili con una dieta sana. Prendi un cucchiaio di burro di arachidi e ricopri la superficie della galletta, per poi iniziare a lavorare la mela. Scaldala in padella dopo averla tagliata a cubetti e provata della buccia, aggiungendo un pizzico di cannella se gradita.

- Se vuoi creare invece una vera e propria salsa ben amalgamata, frulla la mela con il burro e ottieni un fresco composto, ideale per le giornate estive

30) Tranci con pere e carote

Dosi: 4 barrette

Tempo di preparazione: 30 minuti

Difficoltà: media

INGREDIENTI

- 4 pere mature marroni e dolci
- 150 g di uvetta disidratata
- 1 uovo fresco medio
- 350 g di cereali
- 1 carota media
- una spolverizzata di cannella
- sciroppo d'acero per dolcificare qb

PREPARAZIONE

- Per una merenda golosa ma non di tipo industriale, le barrette con cereali, carote e pere sono una soluzione perfetta per ogni momento dell'anno. Procedi per prima cosa a tagliare la pera a cubetti e ammorbidirla, per poi trasferirla dentro una ciotola insieme all'uvetta, alla cannella, all'uovo intero, allo sciroppo e allo zucchero se necessario, facendo in modo che si realizzi un composto gustoso e molto delicato.

- L'avena, in pezzi piccoli e triturata al massimo, può essere aggiunta in un secondo momento e mescolata con un cucchiaio, come se si trattasse di uno yogurt.

L'impasto può essere ora trasferito su una teglia con foglio di carta apposito, con uno spessore di 4 cm al massimo. 15 minuti in modalità statica a 180 gradi e la cottura sarà ultimata, con l'interno morbido e l'esterno leggermente dorato e croccante, come se si trattasse di una vera merendina.

- Sforna il tutto e trasferiscilo su un piano di lavoro, lasciandolo freddare prima di realizzare la forma della barretta e decorarla con dello zucchero a velo se gradito. Il top sarebbe tagliarla in due parti e farcirla con della marmellata.

31) Biscotti ai frutti rossi e aroma di vaniglia

Dosi: 20 biscotti

Tempo di preparazione: 40 minuti, 20 di preparazione

Difficoltà: bassa

INGREDIENTI

- 200 g di frutti rossi, come more, lamponi e mirtilli, freschi o congelati, lavati e asciugati
- 150 g di farina bianca o di avena
- 270 ml di succo di mela
- 50 g di burro a pezzetti freddo di frigo
- bacca di vaniglia o estratto

PREPARAZIONE

- Nello spirito dell'autosvezzamento è presente la capacità di mangiare in autonomia, pertanto i biscotti sono il dessert perfetto per realizzare questo traguardo.

Prima di preparare l'impasto, molto breve, imposta il forno a 185 gradi in modalità statica, così da averlo ben caldo prima di infornare un impasto goloso e rapido.

- Per quanto riguarda i frutti rossi, se sono congelati procedi al loro decongelamento e poi asciugali in un panno, altrimenti il rischio è che i biscotti siano troppo umidi e non fragranti.

Poni li poi in un contenitore e con il mixer lavorali insieme al succo di mela, così da realizzare una crema densa, quasi una composta di frutta, dai pezzi piccoli e adatti anche ai bambini più piccoli.

- La farina di mandorle servirà a dare consistenza all'impasto, il burro ad amalgamare il composto e l'estratto di vaniglia a fornire sapore e odore, inglobando ogni ingrediente ed evitando così che si vadano a formare dei grumi.

Poni su una teglia di carta da forno dei dischi di impasto di piccole dimensioni, dalla forma allungata, distanti gli uni dagli altri per evitare che si attacchino fra loro.

In 12 minuti la cultura dovrebbe essere ultimata, con una superficie dorata all'esterno e un cuore friabile all'interno, da arricchire con una marmellata di more per rimanere in tema.Potrai portare con te i biscotti ovunque desideri e servirli anche freddi.

32) Toast al forno

Dosi: 5 toast

Tempo di preparazione: 15 minuti

Difficoltà: bassa

INGREDIENTI

- 5 fette di pane bianco tipo tramezzino
- 60 ml di latte intero di mucca o anche materno
- 1 uovo fresco di medie dimensioni
- 60 g di burro fuso vegetale o animale
- Salumi misti: prosciutto cotto, crudo, bresaola o mortadella

PREPARAZIONE

- Se stai pensando di realizzare un french toast ma temi che il fritto possa essere nocivo per il piccolo, crea una versione light al forno, senza perdere nulla in termini di gusto e sapore.

Versa in una ciotola del latte intero e in un'altra l'uovo sbattuto, così da poter passare la fetta di pane prima in un contenitore per farla ammorbidire e poi nel secondo per iniziare la cottura.

- In una padella, poni una noce di burro per ungere la superficie e metti al centro il pane lavorato, in modo che acquisisca una consistenza croccante ma non fritta, che potrai completare all'interno del forno per 5 minuti, come se fosse veramente fritto ma molto più delicato.

- Ora puoi condire il tuo pane come preferisci, mettendo delle sottilette, dei salumi misti come il prosciutto cotto, povero di grassi ma comunque ricco di gusto e sapore. Guarnisci con del pepe nero e il gioco è fatto.

33) Muffin all'albicocca con agave

Dosi: 10 pezzi

Tempo di preparazione: 40 minuti

Difficoltà: bassa

INGREDIENTI

- 5 albicocche mature e private della buccia
- 200 g di farina di avena o di mais
- 80 g di burro vegetale a temperatura ambiente
- una spolverizzata di cannella in polvere
- 1 uovo fresco di medie dimensioni
- poco bicarbonato per favorire la morbidezza
- 16 g di lievito per dolci

PREPARAZIONE

- Preparare dei muffin si rivela una soluzione vincente per le feste dei bambini come un primo compleanno, scegliendo gli ingredienti giusti per la fase dell'autosvezzamento.

Preriscalda il forno, così da poter inserire le tortine e permettere loro di cuocersi in tempi brevi.

- All'olio sbattuto con le fruste e a una spolverizzata di cannella, aggiungi le albicocche tagliate a tocchetti e frullate, così che si realizzi una sorta di marmellata come consistenza.

Aggiungi quindi le polveri, setacciando la farina, oltre che il burro fuso e caldo e il suggo di agave, creando un composto liscio e morbido e togliendo tutti i grumi.

- Se possiedi una teglia per muffin, ricopri ogni spazio con dei pirottini, così che l'impasto non si attacchi, riempiendoli solo per metà così che non fuoriesca eccessivamente il cappello.

Dopo circa 20 minuti l'impasto dovrebbe risultare cotto al punto giusto, facendo la prova dello stecchino per verificare l'interno e lasciando dorare la parte esterna.

- Servi i muffin con una decorazione di marmellata oppure farcisci il loro cuore, così che una volta aperti siano un concentrato di dolcezza ma senza zuccheri raffinati aggiunti.

34) Mix di carne bianca, carote e cavolfiori

Dosi: 2 piatti

Tempo di preparazione: 35 minuti

Difficoltà: media

INGREDIENTI

- 50 g di cavolfiori già puliti
- 70 g di riso bianco
- 1 carota media
- 50 g di carne bianca come pollo o tacchino
- succo di mela qb
- un filo di olio extra vergine di oliva

PREPARAZIONE

- Se voi far mangiare a tuo figlio, nella fase dell'autosvezzamento, un piatto gustoso ma anche nutriente, ricco di proteine e vitamine, questo mix di carne e verdura fa esattamente al caso tuo.

Inizia trattando il cavolfiore e pulendolo nel caso in cui non fosse già stato fatto prima Tritalo in un robot da cucina già lavato e asciugato, realizzando quasi una crema in modo che i pezzi non siano grandi per il neonato.

- Procurati una carne bianca, tagliala in pezzi e falla rosolare per almeno 30 minuti, iniziando ad aggiungere dell'acqua dove sono stati lessati i cavolfiori oppure del brodo vegetale che avrai già pronto, amalgamando fino al raggiungimento della cottura perfetta.

- Quando mancano 10 minuti, aggiungi il riso bianco lesso e lascia che tutti gli ingredienti si uniscano fra loro a realizzare una sorta di porridge salato, morbido e simile a una purea come consistenza.

Per condire, puoi utilizzare una spolverizzata di formaggio grattugiato oppure un velo di olio extra vergine di oliva, dosando con attenzione il sale per evitare che sia troppo per il piccolo.

Se desideri realizzare un mix di consistenze, perché non tagliare il pane a cubetti e lasciarlo dorare in forno.

35) Frittata con zucchine e robiola

Dosi: 6 persone

Tempo di preparazione: 20 minuti

Difficoltà: bassa

INGREDIENTI

- 3 zucchine verdi mature
- 6 uova medie, sia albume sia tuorlo
- Un filo di olio extra vergine di oliva
- 90 g di robbiola di mucca
- 50 ml di latte di mucca o anche materno
- una spolverizzata di formaggio grattugiato
- sale qb
- 1 spicchio di aglio senza buccia e cuore
- zenzero qb

PREPARAZIONE

- Quando si realizza un piatto a base di verdure, benefiche per il bambino nella fase dell'autosvezzamento, l'essenziale è che siano lavate con cura con acqua e bicarbonato.

Sbuccia le zucchine e procedi in questo modo, tagliandole a cubetti e mettendole in una pentola con aglio, olio e un pizzico di sale. Il tempo di cottura, fino a quando non saranno morbide, è di circa 20 minuti, per poi metterle momentaneamente da parte in attesa di lavorare le uova.

In un contenitore poni le uova intere, sia albume sia tuorlo, una spolverizzata di formaggio grattugiato, un pizzico di zenzero per inserire un sapore nuovo e diverso, la robiola e un ciuffo di prezzemolo finemente tritato se gradito.

- Poni il composto in una padella precedentemente oliata e antiaderente, facendo attenzione che non si formino dei grumi e sbattendo con cura le uova.

Scegli una dimensione non troppo ampia, così che la frittata possa venire alta e soffice da mangiare a cubetti con le mani, così da proseguire nello spirito dell'autosvezzamento.

Imburra leggermente il fondo così che il composto non si attacchi e risulti compatto e dorato. Il tempo di cottura è di 15 minuti, girando la frittata con una spatola o con un piatto piano per non rompere la composizione.

36) Crema di patate e dadini di prosciutto

Dosi: 3 piatti

Tempo di preparazione: 40 minuti

Difficoltà: bassa

INGREDIENTI

- 4 patate gialle medie e private della buccia
- 500 ml di latte intero, di mucca o materno
- burro fuso qb
- una spolverizzata di formaggio grattugiato
- sale qb
- prosciutto cotto a dadini

PREPARAZIONE

- Invece del solito purè, perché non realizzare una crema di patate molto cremosa, che possa essere un gradito secondo contorno per il bambino nella fase dell'autosvezzamento?

Per prima cosa, procurati delle patate medie e togli loro la buccia, per poi tagliarle a dadini e lessarle in una pentola di acqua bollente.

- In 10 minuti le patate dovrebbero risultare morbide alla forchetta, così da poterle inserire nell'apposito macchinario che le riduce in piccoli pezzi e consente di realizzare una crema deliziosa con l'aiuto dei prossimi ingredienti.

- Unisci tutti i latticini all'interno di una terrina, come il latte a temperatura ambiente, il burro a tocchetti e soprattutto il formaggio grattugiato, per poi unire anche le patate e fare in modo che il composto sia perfettamente amalgamato, aggiungendo un pizzico di sale se è previsto nella dieta del piccolo.

- Per una nota ulteriore di sapore, puoi utilizzare dei dadini di cotto o di tacchino, da inserire nell'impasto o da mettere sopra come guarnizione, insieme a un filo d'olio extra vergine di oliva.

37) Zucchine ripiene al forno

Dosi: 10 persone

Tempo di preparazione: 35 minuti

Difficoltà: bassa

INGREDIENTI

- 3 zucchine di medie dimensioni verdi e mature
- 450 g di di pomodorini dolci e succosi
- 1 ciuffo di sprezzemolo
- aglio tritato qb
- una spolverizzata di pangrattato
- un filo di olio extra vergine di oliva
- 1 ciuffo di origano
- sale qb

PREPARAZIONE

- Come far apprezzare di più le verdure al tuo bambino se non trasformandole in un delizioso gioco da fare in compagnia?

Le barchette di zucchine sono la soluzione che fa al caso tuo, semplici da preparare e ricche di vitamine, con la possibilità di utilizzare anche le melanzane ed eventualmente i peperoni.

- Una volta lavate con cura le zucchine, tagliale a metà mantenendo la buccia e rimuovi la parte interna, che metterai da parte e userai come farcitura.

- Uniscila quindi ai pomodorini che avrai tagliato in piccoli pezzi, al prezzemolo battuto a coltello insieme all'aglio, a un filo di olio extra vergine di oliva e un pizzico di sale. Unisci gli ingredienti e lasciali a marinare per qualche minuto, così che i sapori siano sprigionino correttamente.

- Poni le zucchine su una teglia ricoperta di carta da forno e riempile come se si trattasse davvero di barchette, spolverizzando il tutto con del pangrattato e del formaggio grattugiato, per una panatura sana e croccante.

- Se nella cottura, a 180 gradi in forno statico per 30 minuti, la verdura dovesse seccarsi, aggiungi un mezzo bicchiere di acqua per prolungare. Puoi utilizzare questo piatto come delizioso contorno o come secondo completo, essendo ricco di nutrienti.

38) Polpette di carote e ricotta con spinaci

Dosi: 20 polpette

Tempo di preparazione: 50 minuti

Difficoltà: bassa

INGREDIENTI

- 2 patate medie e gialle, private della buccia
- 2 carote grandi
- 60 g di ricotta di mucca
- acqua qb
- una spolverizzata di pangrattato
- sale qb
- 60 g di spinaci lavati e asciugati

PREPARAZIONE

- Le polpette sono un ottimo modo per conquistare il tuo bambini e fargli mangiare anche quegli ingredienti che non ama molto, come le verdure.

Realizza quindi un brodo vegetale fatto in casa, usando le patate, le carote e il sedano, lasciate bollire per 60 minuti e poi rimosse e conservato per un altro uso.

- Poni ora le carote e gli spinaci dentro il mixer di un robot da cucina e frullalo, aggiungendo il brodo, il formaggio grattugiato e la ricotta fresca, fino a realizzare una crema decisamente consistente. Spolverizza del pangrattato anche dentro l'impasto, in modo che sia sodo e si possano realizzare delle palline.

- Prepara delle palline di piccole dimensioni, così che possano essere prese con le mani, disponile su una teglia ricoperta di carta forno e utilizza un filo di olio extra vergine di oliva.

Lascia cuocere per circa 20 minuti, preriscaldando il forno a 90 gradi e osservando la formazione di una crosticina croccante e un cuore morbido e soffice.

Potrai portare le tue polpette anche come spuntino nel corso della giornata, in quanto sono deliziose pure servite fredde, sia come secondo sia come merenda più sostanziosa e ricca di calcio.

39) Riso con verza e stracchino

Dosi: 6 persone

Tempo di preparazione: 30 minuti

Difficoltà: alta

INGREDIENTI

- 320 g di riso basmati
- 320 g di verza surgelata o in foglie da lavare
- 140 g di stracchino di mucca
- 120 ml di latte di mucca o di capra
- una spolverizzata di formaggio grattugiato
- un ciuffo di erba cipollina aromatica
- un cucchiaio raso di olio extra vergine di oliva
- brodo vegetale fatto in casa o acqua di cottura della verza

PREPARAZIONE

- Il risotto è un piatto molto amato dai bambini, che può essere servito a pranzo e a cena caldo e cremoso, ricco di nutrienti e in questo caso di vitamine.

L'ingrediente principale è infatti la verza, che deve essere lavata con acqua e bicarbonato, asciugata e fatta lessare in una pentola di acqua bollente per 30 minuti, per poi rimuoverla senza buttare il liquido, che servirà in seguito.

- Tosta il riso all'interno di una padella e utilizza dell'acqua di cottura o del brodo vegetale che hai già pronto per allungarlo, così che raggiunga la perfetta consistenza e sia morbido al palato, senza rimanere al dente.

- Con la verza e lo stracchino, realizza una crema all'interno del mixer frullando il tutto e aggiungendo anche olio e formaggio grattugiato, per un condimento che andrà a mantecare la pietanza così da donare una nota ulteriore di gusto, usando una noce di burro se necessario e dosando con cura il sale.

40) Tiramisù alla frutta servito nel bicchiere

Dosi: 2 bicchieri

Tempo di preparazione: 40 minuti + 150 di riposo in frigo

Difficoltà: alta

INGREDIENTI

- 550 g di fragole o di altra frutta gradita, come le pesche
- 160 g di yogurt senza grassi aggiunti alle fragole o bianco
- 270 g di ricotta di latte intero
- un limone intero spremuto
- una spolverizzata di zucchero di canna
- miele qb
- 10 biscotti tipo pavesini

PREPARAZIONE

- Il tiramisù è un dolce amato da grandi e piccini e in questo caso abbiamo voluto abbandonare la pesantezza del cioccolato, a favore di una variante alla frutta ricca di vitamine e di sapore, perfetta come merenda estiva.

Il primo passo da compiere è lavorare la frutta, in questo caso abbiamo scelto le fragole, lavandole con acqua e bicarbonato e successivamente mettendole in un contenitore con zucchero e limone, così che prendano sapore e soprattutto si mantengano fresche senza diventare nere.

- In una terrina poni i latticini, quindi lo yogurt e la ricotta, per poi aggiungere il miele o un altro dolcificante naturale, che avrà il compito di rendere gustoso il composto senza però utilizzare degli zuccheri aggiunti.

- Prendi un bicchiere e poni nello strato inferiore i biscotti tipo pavesini, bagnati con del succo di mela o semplicemente con poche gocce d'acqua.

Sulla parte superiore metti la crema con le fragole in pezzi e continua così fino a raggiungere la sommità del bicchiere, per terminare con una decorazione di frutta a tua scelta.

Il dolce dovrebbe riposare circa 150 minuti in frigorifero, così da acquisire una consistenza soda al cucchiaio ed essere consumato fresco, perfetto per il primo compleanno o per una merenda deliziosa.

41) Pasta con lenticchie e pomodoro

Dosi: 2 piatti

Tempo di preparazione: 40 minuti

Difficoltà: bassa

INGREDIENTI

- 90 g di lenticchie secche o da reidratare in acqua
- 10 pomodorini e 50 g di passata
- un ciuffo di prezzemolo.
- una costa di sedano fresco
- aglio tritato qb
- 1 carota grande
- 3 patate senza buccia
- un cucchiaio di olio extra vergine di oliva
- sale qb

PREPARAZIONE

- La zuppa di lenticchie e pomodoro è perfetta per le giornate invernali, sia per il bambino nel momento dell'autosvezzamento, sia per gli adulti che si siedono al tavolo per mangiare tutti insieme lo stesso pasto.

Si inizia realizzando il soffritto e usando olio, aglio, sedano e carote, per poi aggiungere dopo qualche minuto anche le lenticchie già lessate o da lessare in acqua bollente.

A questo composto che sta prendendo forma aggiungi dei piccoli pomodorini e solo dopo la passata di pomodoro, in modo che si realizzi una salsa all'interno della quale poter mettere la pastina o meno.

- Ci vorranno circa 30 minuti per ottenere una consistenza cremosa e poi poter togliere aglio e sedano e frullare il tutto, così da creare un condimento per la pasta o una salsa da mangiare con il pane.

- Cuoci per pochi minuti la pastina e unisci il composto, spolverizzando sul finale con del formaggio grattugiato e amalgamando con un filo di olio extra vergine di oliva o una noce di burro fuso.

Servi il piatto ancora caldo con dei crostini all'interno

42) Pesto di basilico e pinoli

Dosi: 5 persone

Tempo di preparazione: 30 minuti

Difficoltà: media

INGREDIENTI

- 100 g di basilico verde fresco, lavato e asciugato
- 400 g di pasta di piccole dimensioni per agevolare il neonato
- un filo di olio extra vergine di oliva
- succo di limone qb
- formaggio grattugiato qb
- pepe nero se gradito al piccolo
- 20 pinoli sgusciati

PREPARAZIONE

- Il pesto alla genovese nella sua classica versione è un primo che non può certamente mancare nel processo di autosvezzamento del piccolo, ricco di vitamine e dal sapore fresco ed estivo, soprattutto se con l'aggiunta di pomodorini che donano una dose di dolcezza ulteriore.

- Inizia a lavare il basilico ed asciugalo, per poi porlo in un mixer con olio extra vergine di oliva a filo e limone spremuto, per una dose aspro che aiuta il piccolo a conoscere nuovi sapori.

-Aggiungi poi una spolverizzata di formaggio grattugiato, dei pinoli triturati e un pizzico di sale, così come uno spicchio di aglio per un tocco pungente.

- Fai allora bollire l'acqua della pasta per circa 10 minuti, per poi salarla e far cuocere la pastina, da scolare con qualche minuto di anticipo e mantecare con il condimento e una dose ulteriore di formaggio grattugiato e olio extra vergine di oliva.

Parliamo di un piatto che può essere servito sia caldo sia freddo nel corso dell'estate.

43) Tortino di riso alle mele

Dosi: 1 tortina

Tempo di preparazione: 15 minuti di preparazione

Difficoltà: media

INGREDIENTI

- 260 ml di latte vegetale, come quello di mandorle
- 60 g di riso basmati
- 1 mela farinosa di grandi dimensioni
- zucchero bianco, miele o agave qb

PREPARAZIONE

- Se sei alla ricerca di una merenda dolce e allo stesso tempo nutriente, perché non optare per questo tortino adatto a tutte le stagioni anche come colazione o dopo cena sfizioso, perfetto per tutta la famiglia.

Mangiare questo piatto stimola il piccolo a utilizzare da solo il cucchiaino e seguire lo spirito dell'autosvezzamento.

- Per prima cosa inizia a cuocere il riso, mettendo in un pentolino il latte di mandorle e lasciando bollire il tutto per 20 minuti, così che si realizzi una consistenza morbida. Aggiungi del liquido ogni volta che vedi che il composto si sta asciugando.

- Poni in mixer le mele, prima private della buccia e poi tagliate in piccoli tocchetti, insieme allo zucchero di canna o al succo di agave, aggiungendo anche del limone per un tocco di aspro.

In un bicchiere metti quindi uno strato di riso e uno di crema, per poi rovesciare il tutto e ottenere un tortino sodo e molto grazioso alla vista, da ornare con altra frutta fresca.

- Il vasetto dovrà rimanere all'interno del frigorifero per tutta la notte, così da diventare sodo ed essere servito freddo anche in piena estate.

44) Zuppa di piselli e carote

Dosi: 6 piatti

Tempo di preparazione: 20 minuti + 35 per il brodo vegetale

Difficoltà: media

INGREDIENTI

- 380 g di piselli freschi os surgelati.
- 1 carota grande
- burro fuso
- una cipolla bianca triturata finemente
- 300 ml di brodo vegetale con patate, carote e sedano
- pepe nero in grani macinato

PREPARAZIONE

- Il bambino in fase di autosvezzamento deve assaggiare diversi sapori e una zuppa di piselli e carote si presta perfettamente a questa funzione con il gusto dolce e genuino.

Per prima cosa inizia a lessare le verdure per il brodo vegetale, lasciandolo cuocere per un'ora circa in modo che i vegetali rilascino tutti gli aromi. Metti da parte il liquido e procedi con le altre preparazioni.

- Metti a rosolare la cipolla nel burro che lentamente si fonde, per poi aggiungere le carote e i piselli, così che raggiungano una cottura ottimale insieme al brodo vegetale, che avrai l'accortezza di aggiungere fino a terminare la cottura.

Alla prova della forchetta i vegetali devono divenire morbidi, così da poterli poi frullare all'interno di un mixer e realizzare una salsa liscia, priva di grumi, come una sorta di vellutata.

- Cuoci tutto a fiamma molto lenta e spolverizza il tutto con del pepe nero e del formaggio grattugiato, oltre che mantecare con una noce di burro e un filo di olio extra vergine di oliva.

Servi il piatto ancora caldo e aggiungi dei crostini cotti in forno, di piccole dimensioni così che il bambino possa prenderli in mano.

45) Cotolette di spinaci fatte in casa

Dosi: 4 cotolette

Tempo di preparazione: 40 minuti

Difficoltà: alta

INGREDIENTI

- 400 g di petto di pollo a fette
- 90 g di verza, spinaci o bieta
- una spolverizzata di formaggio grattugiato
- sale qb
- 1 uovo fresco medio
- farina bianca
- una spolverizzata di pangrattato

PREPARAZIONE

- Le cotolette sono da sempre uno dei piatti preferiti dai bambini, capaci di conquistare con il loro gusto croccante e il cuore morbido.

Per dare al piccolo i giusti nutrienti, inizia a realizzare il secondo in casa senza comprarlo congelato, aggiungendo anche delle verdure all'interno. Inizia proprio da queste e scola gli spinaci dopo averli lessati per circa 30 minuti in acqua bollente, facendo in modo che siano ben strizzati.

- Crea un composto con il petto di pollo ridotto a cubetti e la verdura, ponendo il tutto in un mixer e frullando a velocità sostenuta. Mano mano che procedi, non dimenticare di aggiungere del formaggio grattugiato e un pizzico di sale, così che l'interno abbia sapore.

- Per dare la forma alla cotoletta, schiaccia una pallina e rendila ovale, con uno spessore di circa 1 cm.

Per la panatura, puoi utilizzare del pangrattato mescolato con il pepe nero, o anche dei cereali tipo cornflakes per donare una consistenza più croccante.

- Potrai cuocere le tue cotolette al forno per una versione molto più light di quella fritta e soprattutto salutare, impostandolo a 180 gradi in modalità statica e aggiungendo solo un filo di olio extra vergine di oliva.

Accompagna il tutto con delle patate al forno oppure con alcune foglie di insalata, realizzando una maionese fatta in casa e povera di grassi.

46) Supplì di spinaci e riso

Dosi: 6 supplì

Tempo di preparazione: 40 minuti

Difficoltà: alta

INGREDIENTI

- 100 g di riso basmati che non scuoce
- 100 g di spinaci freschi o decongelati
- 1 uovo fresco medio
- una spolverizzata di formaggio grattugiato
- farina 00 qb
- 6 cubetti di mozzarella

PREPARAZIONE

- I supplì sono una delizia che soddisfano piccoli e grandi, soprattutto se accompagnati a una pizza come sfizioso aperitivo. Per il tuo piccolo, meglio optare per una versione light e soprattutto ricca di verdure, che fila per la presenza della mozzarella.

Inizia a dedicarti al ripieno e fai bollire il riso in una pentola, aggiungendo dei mestoli d'acqua fino a quando non avrai ottenuto una consistenza ottimale.

- Prendi degli spinaci freschi, puliscili e lavali con acqua e bicarbonato, oppure opta per una pratica versione congelata, così da averli già pronti. Cuoci la verdura il formaggio grattugiato e realizza un composto compatto, da unire al riso cotto e all'uovo, per il ripieno sodo.

 Crea delle palline e al centro metti della mozzarella filante in cubetti, così che con il calore si sciolga e crei il classico effetto al telefono. Usa la farina per la panatura, insieme a un pizzico di sale e una spolverizzata di pangrattato, così da adagiare i piccoli supplì, da prendere con le mani, direttamente sulla teglia coperta di carta da forno.

- La cottura prevista è di circa 30 minuti con una temperatura di 180 gradi in modalità statica, aggiungendo solo dell'olio extra vergine di oliva per dare sapore. Si creerà così una crosticina croccante e un cuore morbido, che conquisterà anche il bambino dai gusti più difficili. Se il bambino ha giù superato i 24 mesi, potrai friggere i supplì con dell'olio e lasciarli asciugare su della carta assorbente.

47) Tortini leggeri con cereali e frutta secca

Dosi: 10 tortini

Tempo di preparazione: 40 minuti

Difficoltà: alta

INGREDIENTI

- 190 g di farina bianca o d'avena
- 80 g di maizena per donare morbidezza
- 90 g di olio di semi di girasole
- lievito istantaneo per dolci
- 160 g di confettura di frutta senza zucchero
- baccello di vaniglia qb
- 80 g di uva passa da reidratare
- Cereali qb
- 200 g di latte vegetale

PREPARAZIONE

- Quando si procede con l'autosvezzamento, bisogna stare molto attenti a non dare ai piccoli troppi zuccheri, per evitare che i livelli siano elevati per la loro età.

Realizza quindi dei muffin privi di zuccheri aggiunti, dal sapore di frutta secca per una merenda golosa e sana allo stesso tempo, adatta a tutte le stagioni. Il primo passo da compiere è quello di mescolare le polveri, setacciandole per togliere ogni possibile traccia di grumi.

Poi unisci il latte, facendo attenzione che sia a temperatura ambiente e soprattutto messo a filo, così che il composto di mantenga sodo.

- Ora è giunto il momento di reidratare l'uvetta, farla a pezzetti e porla nel mixer, amalgamando anche i cereali con un cucchiaio per realizzare un preparato perfetto per muffin, da inserire all'interno dello stampino insieme al lievito per dolci.

Il consiglio è di riempirli solo fino a metà, per evitare che l'impasto, una volta cotto, fuoriesca il giusto.

- Imburra le pareti dello stampo e lascia cuocere all'interno del forno per 180 minuti, verificando con lo stecchino la cottura interna e osservando la parte esterna che si dora lentamente.

Potrai servire questo prodotto per colazione o per merenda, unendo degli altri cereali per guarnire sulla parte superiore. Potrai anche inserire un cuore di marmellata all'interno farcendo dalla parte inferiore con una sac a poche.

48) Polpettine di zucca e rosmarino

Dosi: 10 polpette

Tempo di preparazione: 50 minuti

Difficoltà: bassa

INGREDIENTI

- 360 g di zucca matura arancione
- 1 uovo fresco di medie dimensioni
- una spolverizzata di formaggio grattugiato
- un pizzico di noce moscata
- una spolverizzata di pangrattato
- sala qb

PREPARAZIONE

- La zucca è una delle verdure che maggiormente viene accettata dai bambini, sia per il suo colore che ricorda quello della carota, sia per la dolcezza e la morbidezza.

Procurati quindi una zucca di medie dimensioni e taglia a cubetti una fetta, disponendoli su una teglia da forno e lasciandoli appassire a una temperatura di 180 gradi per alcuni minuti, fino a che non saranno morbidi alla forchetta.

- Poni quindi la zucca in una ciotola e lavorala con un frullatore a immersione, insieme al formaggio grattugiato, al pizzico di sale, al filo di olio extra vergine di oliva e all'uovo, fino a ottenere un composto cremoso.

Per dargli corpo, spolverizza l'interno con il pangrattato e realizza delle palline di piccole dimensioni, così che il bambino possa mangiarle con le mani.

- Passale poi nell'uovo e nel pangrattato nuovamente, per poi lasciarle cuocere nel forno preriscaldato a 200 gradi per un massimo di 30 minuti.

La superficie dovrà essere dorata al punto giusto e croccante, la parte interna morbida e filante grazie alla presenza del formaggio fuso.

Le polpettine di zucca possono essere servire in ogni momento dell'anno, ma soprattutto nel periodo di halloween per donare un tocco di colore alla festa.

49) Burger di merluzzo con cereali e piselli

Dosi: 1 burger

Tempo di preparazione: 60 minuti

Difficoltà: media

INGREDIENTI

- 1 filetto di merluzzo privato delle spine
- 1 patata gialla media
- 70 g di piselli
- 1 uovo, solo gli albumi
- un limone per grattugiare la scorza, lavato
- cereali qb per la panatura
- un filo di olio extra vergine di oliva

PREPARAZIONE

- Il merluzzo è un pesce delicato, che si presta alla fase dell'autosvezzamento, a patto che sia un filetto privato delle lische e delle spine, per evitare pericoli.

Prepara quindi una pentola di acqua bollente e metti a lessare il pesce, così che diventa morbido e ben cotto, bianco all'esterno e all'interno.

- In una pentola a parte, metti a bollire sia i piselli sia la patata, fino a quando non saranno morbidi al punto giusto e potrai fare la prova della forchetta.

Condisci con dell'olio extra vergine di oliva e con una spolverizzata di formaggio grattugiato, per poi lasciare riposare nel frigorifero con qualche goccia di succo di limone per preservare la freschezza e dare sapore.

- Unisci poi in una terrina i cereali con solo l'albume dell'uovo, in modo che la panatura sia croccante ma non pesante.

Crea dei burger dello spessore di 1 cm, passali nel composto e mettili in forno per 40 minuti a 180 gradi, fino a che non avranno un colorito dorato e un interno morbido.

Accompagna il tutto con delle patate, delle verdure di stagione o una salsa fatta in casa, per aggiungere altri gusti all'autosvezzamento.

50) Dolcetti allo yogurt magro

Dosi: 6 ciambelline

Tempo di preparazione: 40 minuti

Difficoltà: bassa

INGREDIENTI

- 260 g di yogurt senza grassi alla frutta o bianco
- 140 g di farina classica
- lievito per dolci un cucchiaino
- sale qb

PREPARAZIONE

- Le ciambelle allo yogurt sono una dolce molto apprezzato dai più piccoli, che adorano la superficie croccante e l'interno morbido al sapore di frutta.

Si tratta di una soluzione che può essere portata dove si desidera, da consumare sia calda sia fredda.

Inizia con setacciare le polveri e mettere un uovo intero all'interno di un mixer, così da ottenere un composto consistente.

- Aggiungi poi lo yogurt senza grassi, il sale e il lievito, facendo attenzione che ogni ingrediente sia ben amalgamato e non ci siano dei grumi.

Dosa bene la farina nel caso l'impasto sia appiccicoso e non si riesca a stendere sul piano di lavoro, dove dovrai realizzare delle ciambelle di piccole dimensioni, che il bimbo può prendere con le mani.

- Metti in forno a 180 gradi e aggiungi un filo di olio di semi per ottenere una cottura dorata.

Printed in Great Britain
by Amazon

35691915R00064